Das Tomatenbuch

Karen Schulz
Fotografien von Klaus Arras

Das Tomatenbuch

Verführerische Rezepte

Karen Schulz
Fotografien von Klaus Arras

EDEL

INHALTSVERZEICHNIS

Saucen und Eingemachtes

Drinks

Salate

Suppen

Kleine Gerichte

Gebackenes

Vegetarisches

Pasta

Mit Fisch und Fleisch

Warenkunde

Goldapfel und Paradeiser: Liebling Tomaten

Ob als leuchtender Farbtupfer im Salat, als Sugo, als warmes Gemüse oder in der kulinarischen Hauptrolle: Tomaten sind aus unserer Küche nicht wegzudenken. Dass die köstlichen Dinger zu unseren vielseitigsten und hoch begehrten Lebensmitteln gehören, ist bemerkenswert, denn die Tomate hatte in Europa einen denkbar schlechten Start: Die *tomatl*-Pflanzen, die Christoph Kolumbus Ende des 15. Jahrhunderts aus der Neuen Welt nach Europa mitbrachte, wurden anfänglich zu einem Dasein als Zierpflanzen verdammt. Wegen ihres leicht bitteren Geschmacks hielt man die Tomate nämlich für giftig. In Südamerika hingegen, wo sie in den Gebieten von Ecuador, Chile und Peru auch wild wachsen, wurden Tomaten bereits von den Azteken kultiviert und genossen. Zu den ersten Europäern, die die Tomate dann doch mal probierten, gehörten die Italiener. Sie verliehen der ursprünglich gelben Tomate prompt den Namen *pomodoro*, also »goldener Apfel«. Und bewiesen damit ihre Wertschätzung für die Frucht, die bis heute anhält – ohne Tomaten ist die italienische Küche kaum vorstellbar.

Nach Deutschland kamen Tomatenpflanzen erst Ende des 19. Jahrhunderts. Und dann dauerte es noch bis 1914, bis die Tomate erstmals überhaupt in der Warenstatistik auftauchte, sich also endlich auch offiziell als Lebensmittel behaupten konnte. Seither hat die köstliche Frucht, die in Österreich übrigens den liebevollen Namen »Paradeiser« trägt, eine ganz schöne Karriere hingelegt: Heute verzehren wir jährlich etwa 20 Kilogramm Tomaten pro Nase – nicht nur frisch, sondern auch in Form von Ketchup, getrockneten Tomaten, geschälten aus der Dose, passierten aus der Packung, Tomatenmark, Saft etc. Um diesen Bedarf zu decken, werden Tomaten in großem Stil in vielen Ländern angebaut und importiert. Das hat der Tomate in vergangenen Jahrzehnten nicht unbedingt gut getan: Züchtungen robuster und ertragreicher Sorten, die sich gut transportieren lassen und mehr Profit versprechen, gingen jahrelang leider oft auf Kosten des Geschmacks. So locken ideale Einheitstomaten zwar mit einem runden, prallen und leuchtend roten Äußeren, enttäuschen aber beim Reinbeißen oft mit einem wässrigen, langweiligen Aroma.

Zum Glück ist die Tomatengeschichte damit nicht zum Stillstand gekommen: Der Wunsch nach Tomaten, die endlich wieder mit Geschmack punkten, hat die Züchter beflügelt und viele neue und alte Sorten auf den Markt gebracht. Nach diesen muss man hier und da sicherlich noch suchen, aber die Vielfalt erstreckt sich mittlerweile – zumindest im Sommer, der Saison von Freiland-Tomaten – nicht

mehr nur auf rote, geschmacksarme Kugeln in drei Größen. Heute gibt es Varietäten in vielen Farben, Formen und vor allem mit unterschiedlichsten Aromen zu entdecken, wenn man das Glück hat, einen ambitionierten Tomatenzüchter auf dem Markt oder in der Nachbarschaft zu finden. Wer bei der Suche leer ausgeht, kann sich per Internet oder Telefon Jungpflanzen von ausgefallenen Sorten ordern. Das schafft gleich doppeltes Glück: erst beim Gärtnern auf Balkon oder im Garten und dann beim Ernten und Genießen der aromatischen Erträge.

So gesund

Tomaten sind nicht bloß eine Bereicherung in der Küche, sondern auch ganz vorne in Sachen Gesundheit unterwegs: Mit einem Wasseranteil von über 90% gehören sie zu den kalorienärmsten Gemüsesorten (sie enthalten ca. 17 Kalorien auf 100 g) und bieten zugleich eine Fülle an Vitaminen, Spurenelementen und Mineralstoffen, darunter Kalium, Magnesium und Phosphor sowie die Vitamine A und C. Für die rote Farbe der Tomaten sorgt u. a. der Pflanzenfarbstoff Lycopin, der auch bei der Vorbeugung von Krebs helfen soll. Der Körper kann das Lycopin übrigens besser aufnehmen und verwerten, wenn die Tomaten vor dem Verzehr erhitzt und zusammen mit etwas Fett verzehrt werden – ein Pluspunkt für Tomaten aus der Dose.

Achtung Solanin

Die Tomate gehört wie die Kartoffel botanisch zur Familie der Nachtschattengewächse und unreife Früchte enthalten das giftige Alkaloid Solanin – je nach Reifegrad in relativ großen Mengen. Bei ausgereiften Tomaten hingegen befindet sich das Solanin i. d. R. nur noch im Bereich des Stielansatzes, den man deshalb auch großzügig entfernen soll.

Traditionelle Rezepte verarbeiten gelegentlich unreife, grüne Tomaten, z. B. zu Chutney oder als Grillgemüse. Da sich aber der Solaningehalt beim Garen nur geringfügig verändert, weist die Deutsche Gesellschaft für Ernährung darauf hin, dass man auch diese Gerichte nur in geringen Mengen essen sollte. Um dieser Problematik vorzubeugen, verwende ich in meinen Rezepten nur ausgereifte grüne Sorten wie z. B. Green Zebra (s. S. 155).

Tomaten in der Küche

Tomaten putzen

So machen Sie Tomaten verzehrfertig: evtl. vorhandene grüne Rispen oder Stiele entfernen, Tomaten waschen und trockenreiben und Stielansatz entfernen. Das geht gut mit einem spitzen, scharfen Messer, einem kleinen Melonenkugelausstecher oder mit einem »Tomatenhai«, der den Strunk mit einem Dreh herauslöst. Ist am Stielansatz die Tomate im Inneren noch grün, diese Stellen möglichst auch entfernen (s. S. 11, Thema Solanin).

Tomaten überbrühen

Grüne Stiele entfernen und die Tomaten auf der Rundung mit einem spitzen, scharfen Messer leicht über Kreuz einritzen. In eine Schüssel geben und mit sprudelnd kochendem Wasser übergießen, sodass sie ganz bedeckt sind. Je nach Reifegrad der Tomaten 30–60 Sekunden im heißen Wasser ziehen lassen, dann abgießen oder Tomaten mit einer Schaumkelle herausheben. In einem Sieb kalt abschrecken und abtropfen lassen. Tomatenhaut mit einem Messer abziehen.
Einfache Alternative: Es gibt Sparschäler mit einer fein gezähnten Klinge, mit der die Schale der Tomaten auch ohne Überbrühen dünn abgeschält werden kann.

Das richtige Messer

Egal ob Scheiben, Viertel oder Würfel: Ungehäutete Tomaten schneidet man am besten mit einem Messer mit Wellenschliff. Dessen Klinge gleitet an der glatten, festen Haut nicht ab, sondern schneidet problemlos hinein. Oft ist selbst ein Brotmesser beim Zerteilen von Tomaten eine bessere Wahl als ein Gemüsemesser mit glatter Klinge.

Tomaten entkernen

Tomaten mit oder ohne Haut halbieren. Nun mit einem scharfen Messer oder mithilfe eines Melonenkugelausstechers den Stielansatz herausschneiden, dabei die innen liegenden Trennwände mit herauslösen. Dabei löst sich ein Teil der Kerne und die sie umgebende Flüssigkeit. Den Rest mit einem kleinen Löffel, dem Melonenkugelausstecher oder mit den Fingern vorsichtig herauslösen. Gehäutete, entkernte Tomaten, die in feine Würfel mit einer Kantenlänge von ca. 5 mm geschnitten werden, bezeichnet man als Concassé. Dies wird in der Regel nicht gegart, sondern roh oder leicht erwärmt serviert. Es eignet sich als Einlage in Suppen, auf Bruschetta oder als Garnierung auf dem Teller.
Tipp: Wer größere Mengen Tomaten entkernt, kann das Innere samt Kernen und Flüssigkeit auf ein Sieb geben und die abtropfende klare Flüssigkeit auffangen. Daraus lässt sich klare Tomatenessenz (s. S. 64) herstellen.

Dosentomaten vorbereiten

Vor der Verarbeitung von Dosentomaten sollten diese auf ein Sieb gegeben werden. Dabei den Saft auffangen. Einzeln werden Strunk sowie anhaftende Schalenreste entfernt. Je nach Rezept werden die Tomaten dann ganz oder zerkleinert, mit oder ohne Saft verarbeitet.

Tomaten und Zucker

Aromatische, rohe Tomaten lassen sich ganz pur oder nur mit etwas Salz und Zucker genießen. Kocht man jedoch Tomaten, brauchen selbst süße Sorten meist noch etwas Unterstützung in Form von braunem Zucker, Ahornsirup oder Honig, damit das Gericht »rund« schmeckt.

Tomaten lagern

Tomaten sind kälte- und frostempfindlich: Kühlschranktemperaturen sorgen für Aromaverluste, auch wenn sie scheinbar die Haltbarkeit der Früchte verlängern. Daher lagert man Tomaten am besten bei kühler Zimmertemperatur (ca. 16 °C). Weil Tomaten Ethylen abgeben, sollten sie separat in einer Schüssel oder einem Korb aufbewahrt werden – sonst sorgen sie dafür, dass danebenliegende Obst- und Gemüsesorten vorzeitig stark reifen oder verderben. Unreife grüne Tomaten reifen übrigens schneller, wenn man sie mit Äpfeln zusammen lagert, denn diese geben ebenfalls Ethylen ab und beschleunigen damit ihrerseits den Reifeprozess der Tomaten.

Tomaten selber ziehen

Wer experimentierfreudig ist, kann versuchen, Tomatensorten selbst zu ziehen. Dafür einfach einige besonders leckere Exemplare halbieren, die Kernchen samt Flüssigkeit herauslöffeln und auf einem Stück Küchenpapier oder einem Teller ausgebreitet an einem kühlen, trockenen Ort einige Tage stehen lassen. Ist die Flüssigkeit getrocknet, die Kernchen vorsichtig von Papier oder Teller lösen und kühl und trocken aufbewahren. Im nächsten Frühling können sie ausgesät werden und mit etwas Glück gibt es dann im Sommer köstliche Tomaten aus eigener Ernte.

Saucen und Eingemachtes

Grundrezept Tomatensauce

Zutaten für 4 Portionen

1 kg Tomaten
2 Zwiebeln
2 Knoblauchzehen
2 EL Olivenöl
1 EL Tomatenmark
Salz
Pfeffer
2 TL frische Oreganoblättchen
1–2 TL brauner Zucker

Tomaten überbrühen, häuten und würfeln. Zwiebeln und Knoblauch schälen und hacken. Zwiebeln im heißen Olivenöl glasig dünsten. Knoblauch zufügen, kurz mit andünsten. Tomaten und Tomatenmark zugeben, mit Salz, Pfeffer, Oreganoblättchen und 1 TL Zucker würzen und aufkochen.

Tomatensauce für Nudeln ca. 15 Minuten, für Pizzasugo ca. 25 Minuten unter gelegentlichem Rühren einköcheln lassen. Mit Salz, Pfeffer und evtl. Zucker abschmecken.

Tipp: Verwenden Sie außerhalb der Saison statt frischen Tomaten 1 große Dose geschälte Tomaten und ersetzen Sie den frischen durch 1 TL getrockneten Oregano.

Zubereitungszeit: je nach Garzeit ca. 35–45 Minuten

Grundrezept Sauce Bolognese

Zutaten für 4–6 Portionen

1 kleines Bund Suppengemüse (ca. 350 g)
1 Zwiebel
500 g gemischtes Hackfleisch
3–4 EL Olivenöl
Salz
Pfeffer
1 große Dose geschälte Tomaten (850 ml)
100 ml trockener Rotwein
2 EL Tomatenmark
1 Kräutersträußchen (oder 2 Lorbeerblätter, 1 Zweig Rosmarin,
2 Zweige Thymian, 3 Petersilienstängel)
Zucker

Suppengemüse je nach Sorte schälen oder putzen, alles klein würfeln. Zwiebel schälen und hacken. Hackfleisch in 2 EL heißem Öl unter gelegentlichem Rühren krümelig anbraten. Mit Salz und Pfeffer würzen und aus dem Topf nehmen.

Restliches Öl im Topf erhitzen, Gemüse und Zwiebel darin 3–4 Minuten glasig dünsten. Hack wieder zufügen. Tomaten mit Flüssigkeit, Rotwein, Tomatenmark und Kräutersträußchen zufügen, mit Salz, Pfeffer und Zucker würzen und ca. 30 Minuten köcheln lassen, dabei gelegentlich umrühren.

Sauce abschmecken und Kräutersträußchen entfernen. Heiß zu Nudeln servieren oder abkühlen lassen und portionsweise einfrieren.

Zubereitungszeit: ca. 1 Stunde

Rhabarber-Tomaten-Ketchup

Zutaten für ca. 4 Gläser à 200 ml

500 g Rhabarber
500 g Strauchtomaten
150 g Zwiebeln
1 gestr. TL Korianderkörner
½ TL Senfsaat
3 Pimentkörner
3 Nelken
1 Lorbeerblatt
200 ml Apfelessig
250 g brauner Zucker
Salz
Zitronenpfeffer

Rhabarber abziehen und in Stücke schneiden. Tomaten überbrühen, häuten und grob würfeln. Zwiebeln schälen, halbieren und in Streifen schneiden. 2 Einmal-Teefilter ineinanderstecken, Koriander, Senf, Piment, Nelken und Lorbeer hineingeben und fest zubinden. Alles mit Essig in einen Topf geben und zum Kochen bringen, ca. 5 Minuten zugedeckt köcheln lassen.

Zucker, 2 TL Salz und 1–2 TL Zitronenpfeffer zufügen und offen 40 Minuten bei schwacher bis mittlerer Hitze garen, dabei gelegentlich umrühren. Gewürzsäckchen entfernen, Ketchup mit Salz und Zitronenpfeffer abschmecken und unter Rühren bei starker Hitze ca. 5 Minuten einkochen lassen, bis der Ketchup die gewünschte Konsistenz erreicht hat.

Den kochend heißen Ketchup in heiß ausgespülte Gläser geben, gut verschließen und abkühlen lassen.

Zubereitungszeit: ca. 80 Minuten

Grünes Tomatenchutney

Zutaten für ca. 8 Gläser à 250 ml

500 g Zwiebeln
2 kg reife grüne Tomaten
Salz
1 Zimtstange
4 Gewürznelken
1 TL Korianderkörner
750 g feste säuerliche Äpfel
300 ml Apfelessig
30 g Ingwerwurzel
2–3 rote Chilischoten
300 g brauner Zucker
1 EL Senfkörner
1 EL Honig

Zwiebeln mit kochendem Wasser überbrühen, 1–2 Minuten ziehen lassen, dann abgießen und Zwiebeln schälen. Tomaten putzen, mit Zwiebeln grob zerschneiden. Beides mit 2 TL Salz mischen und zugedeckt etwa 4 Stunden an einem kühlen Ort ziehen lassen.

Zimtstange einmal durchbrechen. Mit Nelken und Koriander in einen Einmal-Teefilter geben und zubinden. Äpfel schälen, entkernen und grob würfeln. Tomaten und Zwiebeln auf einem Sieb abtropfen lassen, Flüssigkeit weggießen. Das Gemüse mit Gewürzsäckchen, Äpfeln und Apfelessig in einem großen Topf zum Kochen bringen. 30 Minuten bei schwacher Hitze garen, dabei gelegentlich umrühren.

Ingwer schälen und fein hacken. Chili putzen, entkernen und ebenfalls hacken. Beides mit Zucker und Senfkörnern zu den Tomaten geben und weitere 15 Minuten schwach köcheln lassen. Dann Temperatur erhöhen und Chutney unter häufigem Rühren 20–25 Minuten einkochen lassen, bis es eine dickliche Konsistenz hat. Gewürzsäckchen entfernen. Chutney mit Honig und Salz abschmecken und sofort in heiß ausgespülte, saubere Gläser füllen. Gut verschließen und abkühlen lassen.

Zubereitungszeit: ca. 2 Stunden (plus 4 Stunden zum Durchziehen)

Pesto aus getrockneten Tomaten

Zutaten für 4 Portionen

50 g gehackte Mandeln
100 g getrocknete, in Öl eingelegte Tomaten
75 g Parmesan
2 Zweige Basilikum
100 ml Olivenöl
abgeriebene Schale und Saft von ½ unbehandelte-Zitrone
Salz
Pfeffer

Mandeln in einer Pfanne ohne Fett hellbraun rösten. Auf einen Teller geben und abkühlen lassen. Getrocknete Tomaten leicht abtropfen lassen und hacken. Parmesan würfeln. Basilikumblättchen von den Stielen zupfen.

Parmesan mit Basilikum und Olivenöl pürieren. Zitronenschale, Tomaten und Mandeln zufügen und kurz pürieren, sodass die Konsistenz des Pestos leicht grob bleibt. Pesto mit Zitronensaft, Salz und Pfeffer abschmecken.

Tipp: Pesto nach Belieben zusätzlich mit gepresstem oder gehacktem Knoblauch würzen.

Zubereitungszeit: ca. 15 Minuten

Getrocknete, in Öl eingelegte Tomaten

Zutaten für 4–6 Portionen

1 kg Tomaten (z. B. Strauch-, Kirsch- oder bunte Tomaten)
1 TL Fleur de Sel
1 TL Zucker
schwarzer Pfeffer

zum Einlegen:
4–5 Knoblauchzehen
einige Kräuterzweige (z. B. Rosmarin, Thymian)
gutes Olivenöl

Tomaten putzen und quer in ca. 1 cm dicke Scheiben schneiden. Auf zwei mit Backpapier belegte Bleche verteilen. Fleur de Sel, Zucker und etwas Pfeffer mischen, Tomaten damit bestreuen.

Im vorgeheizten Backofen bei 100 °C (Umluft) ca. 3 Stunden trocknen. Herausnehmen, abkühlen lassen und vorsichtig vom Papier lösen.

Knoblauch schälen. Mit abgekühlten getrockneten Tomaten und Kräuterzweigen dicht an dicht in ein sauberes Glas schichten. So viel Olivenöl darüber gießen, dass die Zutaten komplett damit bedeckt sind. Glas verschließen und vorsichtig drehen, um Lufteinschlüsse im Öl zu entfernen. 2–3 Tage im Kühlschrank durchziehen lassen, dann z. B. als Antipasti oder wie in den Rezepten angegeben verwenden.

Tipps: Wenn man die getrockneten Tomaten nicht einlegt, halten sie in einer Frischhaltedose einige Tage im Kühlschrank.
Nach 1½–2 Stunden Garzeit sind die Tomaten nur halb getrocknet und noch leicht saftig, so schmecken sie z. B. pur im Salat.

Zubereitungszeit: ca. 3¼ Stunden (plus Abkühlzeit)

Tomaten-Orangen-Marmelade

Zutaten für ca. 4 Gläser à 250 ml

1 kg Tomaten
2 unbehandelte-Orangen
Saft von 1 Zitrone
500 g 2:1-Gelierzucker
3 EL Cointreau

Tomaten überbrühen, häuten, entkernen und pürieren. 1 Orange heiß abspülen, Schale mit einem Zestenreißer in feinen Streifen abziehen oder die Schale mit einem Messer dünn schälen und in feine Streifen schneiden. Orangensaft auspressen. Übrige Orange mit einem Messer so dick schälen, dass die weiße Innenhaut mit entfernt wird. Filets zwischen den Trennwänden herausschneiden und halbieren.

Tomatenpüree mit Zitronen- und Orangensaft auf 750 ml auffüllen. Mit Gelierzucker, Orangenschale und -filets in einem hohen Topf verrühren und zugedeckt ca. 3 Stunden durchziehen lassen.

Tomaten-Orangen-Masse unter gelegentlichem Rühren zum Kochen bringen, dann 4 Minuten unter Rühren sprudelnd kochen lassen. Cointreau unterrühren und das Gelee sofort in heiß ausgespülte, saubere Einmachgläser füllen. Gut verschließen und auskühlen lassen.

Zubereitungszeit: ca. 40 Minuten (plus 3 Stunden zum Durchziehen)

Drinks

Tomaten-Margarita

Zutaten für 1 Glas

2 cl frisch gepresster Limettensaft
1–2 EL brauner Zucker
1 Tomate (ca. 125 g)
3 cl Limettensirup
4 cl Tequila
Eiswürfel

Ein Glas am Rand mit wenig Limettensaft anfeuchten und in braunen Zucker drücken.

Tomate kurz überbrühen, häuten, entkernen und pürieren. Mit übrigem Limettensaft, -sirup und Tequila in einen Cocktailshaker geben, Eiswürfel zufügen und kräftig durchschütteln. Tomaten-Margarita in das Glas abseihen und sofort servieren.

Zubereitungszeit: ca. 15 Minuten

Tomaten-Vanille-Cocktail

Zutaten für 1 Glas

100 ml passierte Tomaten (aus der Packung)
Mark von ½ Vanilleschote
1 cl Vanillesirup
2 cl Licor 43
2 cl Wodka
Eiswürfel
bunte Kirschtomaten zum Garnieren

Tomatenpüree, Vanillemark, -sirup, Likör und Wodka mit Eiswürfeln in einen Cocktailshaker geben und kräftig durchschütteln. In ein Glas abseihen.

Kirschtomaten auf die ausgekratzte Vanilleschote oder einen Holzspieß schieben, Cocktail damit garnieren und sofort servieren.

Zubereitungszeit: ca. 10 Minuten

Tomaten-Erdbeer-Smoothie

Zutaten für 4 Gläser

2 Orangen
1 Limette
300 g Tomaten
125 g Erdbeeren
3–4 EL Honig
1 TL Orangenblütenwasser
4 Erdbeeren zum Garnieren

Orangen und Limette auspressen. Tomaten überbrühen, häuten und vierteln. Erdbeeren putzen, mit Tomaten, Orangen- und Limettensaft pürieren. Smoothie mit Honig und Orangenblütenwasser abschmecken und auf 4 Gläser verteilen. Erdbeeren zum Garnieren putzen, halbieren, auf Spieße schieben und Smoothies damit anrichten.

Zubereitungszeit: ca. 15 Minuten

Salate

Tomaten-Pfirsich-Salat

Zutaten für 4 Portionen

4 reife Pfirsiche (à ca. 140 g)
4 Fleischtomaten (à ca. 200 g)
150 g Kopfsalat oder Lollo bianco
1–2 EL weißer Balsamessig
3–4 EL Olivenöl
2 TL flüssiger Honig
Salz
schwarzer Pfeffer
150 g Parmaschinken (in dünnen Scheiben)

Pfirsichhaut mit einem scharfen Messer abziehen (feste Früchte evtl. vorher leicht einritzen und mit kochendem Wasser überbrühen). Die gehäuteten Pfirsiche halbieren und entsteinen. Fruchtfleisch von 1 Pfirsich pürieren, restliche Pfirsiche in Spalten schneiden. Fleischtomaten putzen und in Spalten schneiden. Salat waschen, trockenschleudern und in mundgerechte Stücke zupfen.

Für die Vinaigrette Pfirsichpüree mit Balsamessig, Öl und Honig verquirlen, mit Salz und Pfeffer würzen. Kurz vor dem Servieren die vorbereiteten Salatzutaten mit der Pfirsichvinaigrette vorsichtig mischen. Parmaschinken in Stücke zupfen und darauf verteilen.

Tipp: Vegetarier können den Schinken durch gewürfelten Ziegenkäse ersetzen.

Zubereitungszeit: ca. 30 Minuten

Tomatensalat

Zutaten für 4 Portionen

600 g gemischte aromatische Tomaten
(z. B. Strauch-, Kirsch- oder schwarze Tomaten)
100 g gelbe Paprika
150 g Gurke
1 rote Zwiebel
½ Zweig Rosmarin
4 EL Olivenöl
1–2 EL Balsamessig
Salz
Pfeffer

Tomaten putzen und klein schneiden. Paprika putzen, entkernen und in feine Würfel schneiden. Gurke schälen und ebenfalls fein würfeln. Zwiebel schälen und in Spalten schneiden. Rosmarinnadeln abzupfen und fein hacken. Alles in einer Salatschüssel mischen.

Für die Vinaigrette Olivenöl und Essig mit Salz und Pfeffer verrühren. Vinaigrette über dem Salat verteilen, kurz durchziehen lassen. Dazu passt frisches Brot.

Tipp: Für einen puren Tomatensalat Gurke und Paprika durch die entsprechende Menge Tomaten ersetzen. Unterschiedliche Tomatensorten sorgen im Salat für aromatische Abwechslung.

Zubereitungszeit: ca. 20 Minuten (plus Zeit zum Durchziehen)

Bunte Caprese

Zutaten für 4 Portionen

600 g gemischte Tomaten
(gelbe Kirschtomaten, rote und schwarze)
Fleur de Sel
frisch gemahlener schwarzer Pfeffer
2 Kugeln Büffelmozzarella (à 125 g)
6 Zweige Basilikum
4 EL Olivenöl
einige Tropfen guter Balsamessig

Tomaten putzen und quer in Scheiben schneiden. Mit Fleur de Sel und Pfeffer würzen. Mozzarella abtropfen lassen in Stücke zupfen. Tomaten und Mozzarella auf Teller verteilen. Basilikumblättchen von den Stielen zupfen, darüber streuen und mit Öl und Essig beträufeln.

Dazu passt frisches Sauerteigbrot oder knuspriges Baguette.

Zubereitungszeit: ca. 15 Minuten

Tomaten-Feigen-Türmchen

Zutaten für 4 Portionen

2 mittelgroße rote Tomaten
150 g gelbe Kirschtomaten
4 blaue Feigen (à ca. 80 g)
Salz
Pfeffer
4 getrocknete, in Öl eingelegte Tomaten (plus 3 EL Öl)
1–2 EL Balsamessig
Blättchen von 4 Zweigen Thymian

Tomaten putzen, Feigen vorsichtig abreiben, alles quer in etwa gleich dicke Scheiben schneiden und abwechselnd zu 4 Türmchen stapeln, dabei mit Salz und Pfeffer würzen.

Getrocknete Tomaten abtropfen lassen, dabei 3 EL Öl auffangen. Getrocknete Tomaten fein hacken, mit aufgefangenem Öl und Essig verrühren und mit Salz und Pfeffer abschmecken. Türmchen damit beträufeln und mit Thymianblättchen bestreuen.

Tipp: Besonders gut schmeckt das Dressing mit selbst getrockneten und eingelegten Tomaten (s. S. 31).

Zubereitungszeit: ca. 15 Minuten

Tomaten-Brot-Salat

Zutaten für 4 Portionen

150 g Baguette (vom Vortag)
500 g Tomaten
1 Kugel Mozzarella (125 g)
1 rote Zwiebel
150 ml Gemüsebrühe
2 EL Balsamessig
1–2 TL körniger Senf
2 TL Honig
Salz
Pfeffer
5 EL Olivenöl
75 g Rauke
Blättchen von 4 Zweigen Oregano

Baguette in ca. 3 cm dicke Scheiben schneiden und im vorgeheizten Backofen bei 200 °C ca. 5 Minuten rösten. Dann grob würfeln.

Inzwischen Tomaten putzen und je nach Größe vierteln oder achteln. Mozzarella abtropfen lassen und in mundgerechte Stücke zupfen. Zwiebel schälen und in feine Ringe schneiden. Alles mit Brotwürfeln in einer Salatschüssel mischen.

Für die Vinaigrette Brühe, Essig, Senf und Honig verrühren, mit Salz und Pfeffer würzen. Olivenöl kräftig darunter schlagen. Brotsalat damit mischen und mindestens 20 Minuten durchziehen lassen.

Vor dem Servieren Rauke waschen, trockenschleudern, evtl. zerkleinern und unter den Salat heben. Mit Salz und Pfeffer abschmecken und mit Oreganoblättchen bestreuen.

Zubereitungszeit: ca. 25 Minuten (plus Zeit zum Durchziehen)

Tabouleh mit Wassermelone

Zutaten für 4 Portionen

250 g Instant-Couscous
Salz
400 g Tomaten
1 Salatgurke
500 g Wassermelone
Je 1 Bund Minze und Petersilie
Saft und abgeriebene Schale von 1 unbehandelten Zitrone
4 EL Olivenöl
Pfeffer

Couscous mit 300 ml kochendem Wasser überbrühen, leicht salzen und ca. 10 Minuten ausquellen lassen. Inzwischen Tomaten überbrühen, häuten, entkernen. Gurke und Melone schälen, Melone entkernen und alles fein würfeln.

4 Minzspitzen zum Garnieren beiseite legen. Restliche Kräuterblättchen abzupfen und fein hacken. Mit Zitronensaft, -schale und Olivenöl mischen und mit Salz und Pfeffer abschmecken. ¾ des Dressings mit dem abgekühlten Couscous mischen.

Couscous, Tomaten, Gurke und Melone abwechselnd in 4 Gläser (à ca. 400 ml) schichten, dabei Gemüse und Melone mit übrigem Dressing beträufeln. Etwas durchziehen lassen. Zum Servieren Tabouleh mit Minze garnieren.

Zubereitungszeit: ca. 25 Minuten (plus Zeit zum Durchziehen)

Suppen

Gazpacho

Zutaten für 4–6 Portionen

1 EL Apfelessig
1 Brötchen (vom Vortag)
1 kg reife Flaschentomaten
1 Gurke (350 g)
1 rote Zwiebel
1 gelbe Paprika (175 g)
1 Lauchzwiebel
1–2 Knoblauchzehen
Salz
Pfeffer
Zucker
3 Scheiben Toastbrot
2 EL Olivenöl

Essig mit 50 ml Wasser mischen, Brötchen darin einweichen. Tomaten überbrühen, häuten und grob würfeln.

Gurke und rote Zwiebel schälen, Paprika putzen und entkernen. Jeweils ¼ davon als Einlage fein würfeln, Rest für die Suppe grob zerschneiden. Lauchzwiebel putzen, Grün in feine Ringe schneiden, mit den Gemüsewürfeln für die Einlage mischen und kühl stellen. Lauchzwiebelweiß grob zerschneiden, mit übrigem Gemüse, Tomaten und eingeweichtem Brötchen fein pürieren. Knoblauch schälen und dazu pressen. Mit Salz, Pfeffer und Zucker abschmecken. Gazpacho gut durchkühlen lassen.

Toast entrinden und fein würfeln. Kurz vor dem Servieren im heißen Öl in einer beschichteten Pfanne rundherum knusprig braten. Gekühlte Suppe in tiefe Teller oder Schälchen füllen und mit den Brot- und Gemüsewürfelchen anrichten.

Zubereitungszeit: ca. 35 Minuten (plus Kühlzeit)

Klassische Tomatensuppe

Zutaten für 4–6 Portionen

2 große Dosen geschälte Tomaten (à 850 ml)
2 Zwiebeln
2 Knoblauchzehen
2 EL Olivenöl
1 EL Tomatenmark
200 ml Gemüsebrühe
je 4 Zweige Thymian und Majoran
Salz
Pfeffer
2–3 TL Zucker
4–6 EL Crème fraîche
Kräuterblättchen zum Garnieren

Dosentomaten auf ein Sieb geben, abtropfen lassen und den Saft auffangen. Stielansätze der Tomaten entfernen. Zwiebeln und Knoblauch schälen, hacken und im heißen Olivenöl glasig dünsten. Tomatenmark zufügen, kurz mit anbraten. Tomaten dazugeben und aufgefangene Flüssigkeit und Brühe angießen. Kräuterblättchen abzupfen und zugeben. Mit Salz, Pfeffer und 2 TL Zucker würzen, 25 Minuten köcheln lassen.

Suppe pürieren, mit Salz, Pfeffer und evtl. Zucker abschmecken. Suppe in Teller oder Tassen gießen, je 1 EL Crème fraîche in die Mitte setzen und mit Kräuterblättchen bestreuen.

Tipp: In der Tomatensaison können Sie die Dosentomaten durch ca. 1,5 kg frische aromatische Tomaten ersetzen. Diese vor Verwendung überbrühen und häuten. Je nach Bedarf dann evtl. mehr Brühe zufügen.

Zubereitungszeit: ca. 40 Minuten

Klare Tomatenessenz

Zutaten für 4–6 Portionen

2 kg Tomaten
je ¼ TL Koriander- und Pimentkörner
2 Gewürznelken
1 Knoblauchzehe
Salz
100 g gelbe und rote Kirschtomaten
1 Lauchzwiebel
¼ kleiner Radicchio
Zucker
4 dünne Baguettescheiben (ca. 40 g)
2 EL Olivenöl
4 Scheiben Parmaschinken

Tomaten putzen, vierteln und grob pürieren. Koriander, Piment und Nelken kurz in einer Pfanne ohne Fett anrösten, abkühlen lassen. Knoblauch schälen und grob hacken. Knoblauch, Gewürze, 1–2 TL Salz und Tomaten mischen. Ein Sieb mit einem Passiertuch auslegen, die pürierten Tomaten hineingeben und den ablaufenden, klaren Tomatensaft in einer Schüssel auffangen. Tomatenpüree auspressen, dabei nicht zu stark drücken, damit das rote Fruchtfleisch nicht durch den Stoff gepresst wird. So entsteht ca. 1 l klarer Tomatensaft.

Für die Suppeneinlage Kirschtomaten putzen, überbrühen und häuten. Lauchzwiebel putzen und schräg in feine Ringe schneiden. Radicchio putzen, in feine Streifen schneiden. Radicchio in Suppenteller oder -tassen verteilen. Klaren Tomatensaft aufkochen, mit Salz und Zucker abschmecken. Lauchzwiebel darin ca. 2 Minuten garen.

Inzwischen Brot im heißen Olivenöl anrösten, auf Küchenpapier abtropfen lassen und Parmaschinken darauf anrichten. Kirschtomaten kurz in der Tomatenessenz erhitzen. Tomatenessenz auf den vorbereiteten Radicchio gießen und mit den Schinken-Crostini servieren.

Tipp: Das Tomatenpüree kann nach dem Abtropfen z. B. als Basis für Tomatensauce verwendet werden.

Zubereitungszeit: ca. 45 Minuten (plus Abtropfzeit)

Tomaten-Birnen-Suppe mit Parmesantalern

Zutaten für 4 Portionen

1 kg Tomaten
500 g reife Birnen
1 Zwiebel
1 EL Butter
1 EL Tomatenmark
500 ml Gemüsebrühe
1–2 Zweige Salbei
Salz
Pfeffer
Zucker
75 g Parmesan
100 g Crème fraîche nach Belieben

Tomaten überbrühen, häuten und grob würfeln. Birnen schälen, entkernen und würfeln. Zwiebel schälen und hacken.

Zwiebeln in heißer Butter glasig dünsten. Tomatenmark zufügen, kurz anschwitzen. Tomaten- und Birnenwürfel zugeben. Brühe angießen und aufkochen. Salbeiblättchen abzupfen, hacken und zur Suppe geben. Mit Salz, Pfeffer und wenig Zucker würzen und zugedeckt ca. 20 Minuten garen.

Inzwischen Parmesan fein reiben und als Kreise (ca. 7 cm Ø) auf 2 mit Backpapier belegte Bleche verteilen, dabei etwas Abstand lassen, da der Käse beim Schmelzen auseinanderläuft. Im vorgeheizten Backofen bei 200 °C ca. 5 Minuten backen. Auf dem Blech abkühlen lassen, dann vorsichtig ablösen.

Suppe nach Belieben mit Crème fraîche verfeinern, abschmecken und mit den Parmesantalern anrichten.

Zubereitungszeit: ca. 40 Minuten

Tomaten-Kichererbsen-Eintopf mit Lammhack

Zutaten für 4–6 Portionen

500 g Lammhack
4 EL Olivenöl
1 Zwiebel
2 Knoblauchzehen
1 Karotte
3 Stangen Staudensellerie
1 dünne Porreestange
Salz
Pfeffer
gemahlener Kreuzkümmel
gemahlener Koriander
1 EL Tomatenmark
1 große Dose geschälte Tomaten (850 ml)
250 ml Gemüsebrühe
½ TL brauner Zucker
1 kleine Dose Kichererbsen
(265 g Abtropfgewicht)
Cayennepfeffer
2–3 Stiele Pfefferminze
200 g griechischer Joghurt

Lammhack in 2 EL heißem Olivenöl krümelig anbraten. Zwiebel, Knoblauch und Karotte schälen, Zwiebel und Knoblauch hacken. Sellerie und Porree putzen, mit der Karotte fein würfeln. Hack salzen, pfeffern und aus dem Topf nehmen.

Restliches Öl im Topf erhitzen. Zwiebel und Gemüse darin ca. 3 Minuten dünsten. Knoblauch zufügen, 1 Minute mitdünsten. Mit je ¼ TL Kreuzkümmel und Koriander bestäuben, Tomatenmark zugeben und unter Rühren 1–2 Minuten anschwitzen. Dosentomaten mit Flüssigkeit zugeben, Brühe angießen und mit Salz, Pfeffer und Zucker würzen. Hack wieder zufügen und Eintopf zugedeckt 10 Minuten garen.

Kichererbsen abgießen, auf einem Sieb gut abspülen und abtropfen lassen. Zum Eintopf geben und weitere 5–8 Minuten garen. Mit Kreuzkümmel, Koriander, Salz und Cayennepfeffer abschmecken. Minzblättchen von den Stielen zupfen, fein hacken und mit Joghurt verrühren. Eintopf in tiefe Teller oder Schalen füllen und mit jeweils einem Klecks Minz-Joghurt servieren.

Zubereitungszeit: ca. 40 Minuten

Kleine Gerichte

Tomatenbrot mit Lavendelbutter

Zutaten für 4 Portionen

80 g Butter
1 EL getrockneter Lavendel
(ungefärbt und unbehandelt)
ca. 1 TL Fleur de Sel
schwarzer Pfeffer aus der Mühle
4 Scheiben Sauerteigbrot
1 große Fleischtomate (ca. 400 g)
frische Lavendelblüten zum Garnieren

Weiche Butter mit getrocknetem Lavendel, Fleur de Sel und Pfeffer vermengen, abschmecken und Brotscheiben damit bestreichen.

Tomate putzen, in dünne Scheiben schneiden und Brotscheiben damit belegen. Mit frisch gemahlenem Pfeffer würzen und nach Belieben mit Lavendelblüten bestreuen.

Zubereitungszeit: ca. 10 Minuten

Bruschetta mit Tomaten und Sardellen

Zutaten für 8 Stück

350 g Tomaten
Saft und abgeriebene Schale von ½ unbehandelten Zitrone
3 EL Olivenöl
Pfeffer
Salz
4 Sardellenfilets (in Olivenöl eingelegt, ca. 12 g)
8 Scheiben Ciabatta (ca. 150 g)
1 Knoblauchzehe
2–3 Stiele Oregano

Tomaten überbrühen, häuten, entkernen und fein würfeln. Zitronensaft und -schale, 2 EL Öl, Pfeffer und Salz verrühren. Tomatenwürfel zugeben und 5–10 Minuten marinieren lassen. Sardellen abtropfen lassen und die Filets längs halbieren.

Brotscheiben im vorgeheizten Backofen bei 200 °C 2–3 Minuten rösten. Knoblauch schälen, halbieren, Brotscheiben damit einreiben und mit übrigem Öl beträufeln. Marinierte Tomaten und Sardellenfilets darauf verteilen und mit abgezupften Oreganoblättchen bestreuen.

Tipp: Vegetarier können die Sardellen durch eine in feine Röllchen geschnittene Lauchzwiebel ersetzen.

Zubereitungszeit: ca. 25 Minuten

Avocado mit Tomaten-Gremolata

Zutaten für 4 Portionen

40 g Baguette (vom Vortag)
1 Knoblauchzehe
40 g Walnüsse
1 EL Butter
3 Tomaten (à 100 g)
1 Bund gemischte Kräuter
(Thymian, Basilikum, Petersilie)
½ unbehandelte Zitrone
Salz
Pfeffer
2 reife Avocados

Brot fein zerbröseln. Knoblauch schälen, mit Walnüssen hacken. Alles 2–3 Minuten in heißer Butter anbraten und abkühlen lassen.

Tomaten überbrühen, häuten, entkernen und fein würfeln. Kräuterblättchen abzupfen und fein hacken. Zitrone heiß waschen, trocknen und Schale fein abreiben. Vorbereitete Zutaten mischen und mit Salz und Pfeffer abschmecken.

Vor dem Servieren Zitrone auspressen. Avocados halbieren, Kerne herauslösen. Hälften mit etwas Zitronensaft beträufeln und Gremolata darauf verteilen.

Zubereitungszeit: ca. 30 Minuten

Gebackener Ziegenkäse auf Tomatencarpaccio

Zutaten für 4 Portionen

30 g Pinienkerne
600 g schwarze und rote Tomaten
2 Lauchzwiebeln
Salz
Pfeffer
4 Scheiben Ziegenkäserolle (à ca. 100 g)
2 Zweige Rosmarin
1–2 TL dunkler Waldblütenhonig
2 EL Balsamessig

Pinienkerne in einer Pfanne bei kleiner bis mittlerer Hitze ohne Fett hellbraun rösten und abkühlen lassen.

Tomaten putzen und in sehr feine Scheiben schneiden. Leicht überlappend auf einer Platte oder einem großen Teller auslegen. Lauchzwiebeln putzen, schräg in feine Röllchen schneiden, mit den Pinienkernen über die Tomaten streuen. Mit Salz und Pfeffer würzen.

Ziegenkäse nebeneinander in eine Auflaufform setzen, mit Pfeffer und abgezupften Rosmarinnadeln bestreuen und mit Honig beträufeln. Im vorgeheizten Backofen bei 200 °C 5–7 Minuten backen. Ziegenkäse auf das Tomatencarpaccio setzen, mit Essig beträufeln und sofort servieren.

Tipp: Als kleine Vorspeise können Sie statt der Ziegenkäserolle auch 4 kleine Ziegenkäse (à 40 g, z. B. Picandou) verwenden.

Zubereitungszeit: ca. 25 Minuten

Tomaten-Ziegenkäse-Timbales

Zutaten für 4 Portionen

5 Blatt weiße Gelatine
1 Knoblauchzehe
150 g Ziegenfrischkäse
100 g Schmand
1 Saft und abgeriebene Schale von einer unbehandelten Limette
Salz
Pfeffer
4 Kirschtomaten
1 kleine Zwiebel (ca. 40 g)
3 EL Olivenöl
250 g passierte Tomaten (Packung)
2 Zweige Majoran
1 TL Zucker
40 g Rauke
1 EL Balsamessig
außerdem: 4 Timbaleförmchen oder Tassen (à ca. 130 ml)

2 Blatt Gelatine in kaltem Wasser einweichen. Knoblauch schälen, durchpressen und mit Ziegenfrischkäse, Schmand und Limettenschale verrühren. Limettensaft leicht erwärmen und ausgedrückte Gelatine darin auflösen. 2 EL Frischkäsecreme unter die aufgelöste Gelatine rühren, dann diese Masse zügig in die restliche Creme rühren. Ziegenkäsecreme mit Salz und Pfeffer abschmecken und in 4 Timbaleförmchen oder Tassen füllen. Kirschtomaten waschen, vierteln, wieder zusammensetzen und mittig in die Creme drücken. Förmchen kalt stellen.

Restliche Gelatine in kaltem Wasser einweichen. Zwiebel schälen, hacken und in 1 EL heißem Olivenöl glasig dünsten. Mit passierten Tomaten ablöschen. Majoranblättchen von den Zweigen zupfen, fein hacken und zugeben. Tomatenpüree mit Salz, Pfeffer und Zucker würzen und 5 Minuten einköcheln lassen. Topf vom Herd ziehen, Gelatine ausdrücken und darin auflösen. Tomatenpüree auf Zimmertemperatur abkühlen lassen und als zweite Schicht in die Förmchen geben. Mindestens 3 Stunden im Kühlschrank fest werden lassen.

Rauke putzen und zerrupfen. Restliches Öl mit Essig verrühren, mit Salz und Pfeffer würzen. Kurz vor dem Servieren Rauke damit vorsichtig mischen und zu den Timbales servieren.

Zubereitungszeit: ca. 40 Minuten (plus Abkühl- und Kühlzeit)

Marinierte Kirschtomaten

Zutaten für 4–6 Portionen

250 g bunte Kirschtomaten
1 rote Zwiebel
2 Knoblauchzehen
2–3 EL Olivenöl
3–4 EL brauner Zucker
150 ml Weißweinessig
Salz
Pfeffer

Tomaten waschen und rundherum mit einem Holzspießchen mehrmals einstechen. In ein sauberes, heiß ausgespültes Glas mit Deckel geben.

Zwiebel und Knoblauch schälen. Zwiebel halbieren und in feine Ringe, Knoblauch in feine Scheibchen schneiden. Beides im heißen Olivenöl 3–4 Minuten weich dünsten. 3 EL Zucker darüber streuen und unter Wenden 1 Minute karamellisieren lassen. Mit Weißweinessig ablöschen, mit Salz und Pfeffer würzen und 2 Minuten köcheln lassen. Evtl. mit Zucker, Salz und Pfeffer abschmecken und heiß über die Tomaten im Glas gießen. Glas gut verschließen, abkühlen lassen, dann kühl stellen. Tomaten 2 Tage durchziehen lassen.

Die Tomaten schmecken als Beilage zu Gegrilltem, auf Brot, in einem Salat oder pur und halten sich im Glas im Kühlschrank einige Tage, solange sie mit Marinade bedeckt sind.

Tipp: Nur einen Tag müssen die Tomaten marinieren, wenn sie vorher gehäutet werden. Dadurch werden sie jedoch weicher, daher am besten möglichst feste Tomaten verwenden und diese innerhalb von 1–2 Tagen verzehren.

Zubereitungszeit: ca. 20 Minuten (plus Abkühl- und Marinierzeit)

Tomatensorbet

Zutaten für 4–6 Portionen

Saft von 1 Zitrone
100 g brauner Zucker
500 g Tomaten
Thai-Basilikum zum Garnieren

Zitronensaft mit Wasser auf 100 ml auffüllen. Mit Zucker erhitzen, bis sich der Zucker löst und der Sirup klar wird. Abkühlen lassen.

Tomaten überbrühen, häuten, halbieren und entkernen. Tomaten-Inneres auf ein Sieb geben und die klare Flüssigkeit auffangen. Tomatenfilets mit der aufgefangenen Flüssigkeit pürieren und mit dem abgekühlten Sirup verrühren. Sorbetmasse in einer Eismaschine frieren, ersatzweise in eine flache Schale gießen und ca. 4 Stunden tiefkühlen, dabei jede Stunde mit einer Gabel gut durchrühren, um die Eiskristalle zu zerkleinern. Zum Servieren mit einem Eisportionierer Kugeln formen und mit Thai-Basilikum garniert anrichten.

Tipp: Als Aperitif oder Zwischengang je 1 Kugel Sorbet pro Portion in vorgekühlte Cocktailschalen setzen und mit gekühltem trockenem Cidre oder Prosecco aufgießen.

Zubereitungszeit: ca. 25 Minuten (plus Gefrierzeit)

Gebackenes

Blätterteigschnecken mit getrockneten Tomaten

Zutaten für ca. 50 Stück

280 g TK-Blätterteig
4 Stiele Basilikum
80 getrocknete, in Öl eingelegte Tomaten
80 g Doppelrahmfrischkäse
Salz
Pfeffer
80 g Pecorino
Mehl zum Bearbeiten

Blätterteigplatten nebeneinanderlegen und antauen lassen. Basilikumblättchen von den Stielen zupfen und fein hacken. Eingelegte Tomaten abtropfen lassen und ebenfalls fein hacken. Tomaten, Frischkäse und Basilikum vermengen und mit Salz und Pfeffer würzen. Pecorino sehr fein reiben.

Teigplatten auf wenig Mehl leicht überlappend ausrollen und in 3 Rechtecke (jeweils ca. 25 cm x 30 cm) schneiden. Mit der Tomatenmasse bestreichen und mit Pecorino bestreuen. Längsseiten erst schmal einschlagen, dann von beiden Längsseiten her die Rechtecke eng zur Mitte hin aufrollen, sodass im Querschnitt doppelte Schnecken entstehen. Rollen jeweils fest in Frischhaltefolie wickeln und mindestens 1 Stunde kühl stellen.

Dann Rollen auswickeln, in ca. 1 cm breite Scheiben schneiden und nebeneinander auf mit Backpapier ausgelegte Bleche legen. Die Backbleche nacheinander in den auf 180 °C vorgeheizten Backofen schieben und die Schnecken ca. 20 Minuten backen, bis sie goldbraun und knusprig sind. Auskühlen lassen und frisch servieren.

Zubereitungszeit: ca. 70 Minuten (plus Auftau- und Kühlzeit)

Pizza mit marinierten Kirschtomaten und Ricotta

Zutaten für 4 Portionen

½ Würfel frische Hefe (21 g)
½ TL Zucker
300 g Mehl
Salz
4 EL Olivenöl
250 g bunte Kirschtomaten
1 große Knoblauchzehe
1 TL weißer Balsamessig
Pfeffer
Mehl zum Bearbeiten
½ Grundrezept Tomatensauce (s. S. 20)
250 g Ricotta
frisches Basilikum zum Garnieren

Hefe und Zucker in 150 ml lauwarmem Wasser auflösen. 5 Minuten zugedeckt beiseite stellen. Mehl in eine Schüssel sieben und mit der aufgelösten Hefe, 1 TL Salz und 2 EL Olivenöl mit den Händen oder mit den Knethaken des Handrührgeräts zu einem glatten Teig zerkneten. Zugedeckt an einem warmen Ort mind. 1 Stunde gehen lassen, bis sich sein Volumen etwa verdoppelt hat.

Inzwischen Kirschtomaten waschen und halbieren. Knoblauch schälen und in sehr feine Scheiben schneiden. Tomaten mit Knoblauch, restlichem Öl, Essig, Salz und Pfeffer marinieren.

Teig auf leicht bemehlter Arbeitsfläche in 4 Portionen teilen und zu rechteckigen Pizzen ausrollen. Auf mit Backpapier belegte Bleche legen und dünn mit Tomatensauce bestreichen. Mit 2 Teelöffeln Nocken vom Ricotta abstechen und darauf setzen. Marinierte Tomaten und Knoblauchscheibchen dazwischen verteilen. Bleche nacheinander im vorgeheizten Backofen bei 220 °C auf unterster Schiene 12–15 Minuten backen. Vor dem Servieren mit Basilikumblättchen bestreuen.

Zubereitungszeit: ca. 1 Stunde (plus Gehzeit)

Focaccia mit Kirschtomaten

Zutaten für 4 Portionen

500 g Mehl
15 g frische Hefe
75 ml Olivenöl
feines und grobes Meersalz
250 g kleine Kirschtomaten
2–3 Stiele Basilikum
Mehl zum Bearbeiten
schwarzer Pfeffer aus der Mühle

Mehl in eine Schüssel sieben und eine Vertiefung in die Mitte drücken. Hefe in 100 ml lauwarmem Wasser auflösen und in die Vertiefung geben. Mit etwas Mehl vom Rand bestäuben und zugedeckt 20 Minuten gehen lassen.

Vorteig mit übrigem Mehl, weiteren 125 ml lauwarmem Wasser, 50 ml Olivenöl und 1 TL feinem Meersalz mit den Händen oder mit den Knethaken des Handrührgeräts zu einem glatten Teig verkneten. Wenn nötig noch etwas Wasser zufügen, bis ein elastischer Teig entsteht, der sich glatt von der Schüsselwand trennt. Den Teig zugedeckt bei Zimmertemperatur ca. 1 Stunde gehen lassen, bis sich sein Volumen etwa verdoppelt hat.

Kirschtomaten putzen und halbieren. Basilikumblättchen von den Stielen zupfen. Teig mit den Händen auf bemehlter Arbeitsfläche nochmals durchkneten, in 4 Portionen teilen und zu ovalen Fladen ausrollen. Auf zwei mit Backpapier belegte Backbleche legen. Mit leicht bemehlten Fingern gleichmäßige Vertiefungen hineindrücken. Je 1 Basilikumblatt und ½ Tomate mit der Schnittfläche nach oben hineinsetzen. Erneut zugedeckt 1 Stunde gehen lassen.

Tomaten mit grobem Meersalz und Pfeffer würzen, mit restlichem Öl beträufeln und die Bleche nacheinander im vorgeheizten Backofen bei 220 °C ca. 20 Minuten knusprig backen. Heiß oder lauwarm servieren.

Zubereitungszeit: ca. 70 Minuten (plus Gehzeiten)

Tomatenmuffins

Zutaten für 12 Stück

6 getrocknete, in Öl eingelegte Tomaten
80 g Feta-Käse
1 grüne Paprika (150 g)
1 kleine Zwiebel
1 Knoblauchzehe
3 Zweige Oregano
250 g Mehl
1 TL Backpulver
1 TL Salz
1 Ei
50 ml Olivenöl
150 ml Buttermilch
200 ml passierte Tomaten (aus der Packung)
Fett für das Blech

Getrocknete Tomaten leicht abtropfen lassen. Mit Feta fein würfeln und beiseite stellen.

Paprika putzen, entkernen und Fruchtfleisch fein würfeln. Zwiebel und Knoblauch schälen, beides fein hacken. Oreganoblättchen von den Zweigen zupfen. Mehl, Backpulver und Salz mischen, Gemüse und Oregano unterheben.

Ei, Olivenöl, Buttermilch und passierte Tomaten verquirlen und unter die Mehl-Gemüse-Mischung heben, sodass diese gerade gebunden ist.

Vertiefungen eines Muffinblechs leicht fetten und zur Hälfte mit Teig füllen. Feta- und Tomatenwürfel in die Mitte der Muffins geben, mit übrigem Teig bedecken. Muffins im vorgeheizten Backofen bei 200 °C 40–50 Minuten backen, bis sie leicht gebräunt sind. Aus den Förmchen lösen, nach Belieben in Papierbackförmchen setzen und heiß oder kalt servieren.

Zubereitungszeit: ca. 70 Minuten

Tomatenquiche

Zutaten für 8 Stücke

125 g Magerquark
Salz
3 EL Olivenöl
4 Eier
250 g Mehl
Fett für die Form
2 EL Basilikum-Pesto (aus dem Glas)
2 rote oder gelbe Fleischtomaten (à 250 g)
200 g Schmand
Pfeffer
3 Zweige Basilikum

Magerquark, 1 TL Salz, Olivenöl, 1 Ei und Mehl mit den Händen oder mit den Knethaken des Handrührgeräts zu einem glatten Teig verkneten. Eine gefettete quadratische Quicheform (22 x 22 cm) damit auskleiden, dabei einen kleinen Rand formen. Teigboden mit Pesto bestreichen.

Tomaten putzen und in dünne Scheiben schneiden. Gleichmäßig auf dem Teig verteilen. Restliche Eier und Schmand verquirlen, mit Salz und Pfeffer würzen und über die Tomaten gießen. Quiche im vorgeheizten Backofen bei 180 °C 40–50 Minuten backen. Leicht abkühlen lassen und in Stücke teilen. Basilikumblättchen von den Stielen zupfen und darüber verteilen.

Tipp: Die Quiche schmeckt auch sehr lecker kalt, z. B. beim Picknick oder einem Büfett.

Zubereitungszeit: ca. 1 Stunde

Griechische Tomaten-Hack-Pastete

Zutaten für ca. 8 Stücke

500 g Tomaten
1 Bund Lauchzwiebeln
2 Knoblauchzehen
500 g gemischtes Hack
2 EL Olivenöl
Salz
Pfeffer
Blättchen von 4 Thymianzweigen
275 g TK-Blätterteig
100 g Feta-Käse
50 g grüne Oliven (ohne Stein)
100 g Schmand
2 Eier
etwas Mehl für die Arbeitsfläche
Fett für die Form

Tomaten überbrühen, häuten, entkernen und würfeln. Lauchzwiebeln putzen und in Ringe schneiden. Knoblauch schälen und hacken. Hackfleisch im heißen Olivenöl krümelig anbraten. Lauchzwiebeln, Knoblauch und Tomaten zufügen und braten, bis die Flüssigkeit verdampft ist. Mit Salz, Pfeffer und Thymianblättchen würzen, abkühlen lassen.

Inzwischen Blätterteigplatten nebeneinander auftauen lassen. Feta-Käse würfeln. Oliven abtropfen lassen und in Ringe schneiden. Beides mit Schmand und Eiern unter die Hackmasse ziehen, kräftig abschmecken.

Blätterteigscheiben leicht überlappend auf bemehlter Arbeitsfläche ausrollen. Eine gefettete Kastenform (30 cm lang) damit so auslegen, dass der Teig unregelmäßig über den Rand lappt. Hackmasse einfüllen und die Teigränder darüber schlagen. Pastete im vorgeheizten Backofen bei 200 °C ca. 60 Minuten knusprig backen, dabei nach etwa 45 Minuten mit Alufolie abdecken, damit die Oberfläche nicht zu dunkel wird. Pastete heiß oder kalt in Scheiben schneiden und servieren.

Zubereitungszeit: ca. 110 Minuten (plus Abkühl- und Auftauzeit)

Brötchen mit getrockneten Tomaten

Zutaten für 12 Stück

400 g Mehl
½ Päckchen Trockenhefe
½ TL Salz
½ TL brauner Zucker
1 EL Olivenöl
1 Kugel Mozzarella (125 g)
50 g Pecorino oder Gruyère
100 g getrocknete, in Öl eingelegte Tomaten
Mehl zum Bearbeiten

350 g Mehl, Trockenhefe, Salz, Zucker und Olivenöl in einer Schüssel mischen. Nach und nach 150–200 ml lauwarmes Wasser mit den Händen oder mit den Knethaken des Handrührgeräts einarbeiten und kneten, bis ein glatter Teig entsteht. Zugedeckt an einem warmen Ort ca. 2 Stunden gehen lassen.

Mozzarella abtropfen lassen, Pecorino oder Gruyère entrinden. Beide Käsesorten würfeln und mischen. Tomaten abtropfen lassen, klein schneiden, mit restlichem Mehl vermengen und unter den Teig kneten.

Teig auf leicht bemehlter Arbeitsfläche in 12 Portionen teilen und diese etwas flach drücken. Jede Portion mit einigen Käsewürfeln belegen, Teig darumschließen und zu runden Brötchen formen. Brötchen auf ein mit Backpapier belegtes Blech setzen und zugedeckt weitere 20 Minuten gehen lassen. Nach Belieben Oberfläche mit einem sehr scharfen Messer leicht einritzen. Brötchen im vorgeheizten Backofen bei 200 °C ca. 20 Minuten goldbraun backen.

Zubereitungszeit: ca. 45 Minuten (plus Gehzeiten)

Vegetarisches

Gebackene Kartoffeln und Kürbis mit Dip aus getrockneten Tomaten

Zutaten für 2 Portionen als Hauptgericht oder 4 Portionen als Beilage

600 g neue Kartoffeln
2 EL Olivenöl
Salz
Pfeffer
1 Hokkaidokürbis (ca. 1,2 kg)
2 Zweige Rosmarin
20 g Kürbiskerne
80 g getrocknete, in Öl eingelegte Tomaten
250 g Quark
100 g Crème fraîche
nach Belieben 1 EL Kürbiskernöl

Kartoffeln gründlich waschen, der Länge nach vierteln oder sechsteln. Kartoffeln in einer Schüssel mit 1 EL Olivenöl mischen, mit Salz und Pfeffer würzen und auf einem mit Backpapier ausgelegten Blech verteilen. Kartoffeln im vorgeheizten Backofen bei 180 °C (Umluft) 15 Minuten backen.

Inzwischen Kürbis waschen, halbieren, entkernen und den Stiel entfernen. Kürbis in ca. 2 cm dicke Spalten schneiden, mit dem restlichen Öl mischen und mit Salz und Pfeffer würzen. Kürbis zu den Kartoffeln geben, Rosmarinnadeln abzupfen, darüber streuen und ca. weitere 30 Minuten bei gleicher Temperatur backen, bis alles gar ist.

Inzwischen Kürbiskerne in einer beschichteten Pfanne ohne Fett leicht rösten und abkühlen lassen. Eingelegte Tomaten abtropfen lassen und hacken. Quark mit Crème fraîche und Tomaten vermengen, mit Salz und Pfeffer abschmecken. Kürbiskerne grob hacken, darüber streuen. Kürbis und Kartoffeln nach Belieben mit Kürbiskernöl beträufeln und mit dem Dip servieren.

Zubereitungszeit: ca. 50 Minuten

Provençalischer Gemüsetopf

Zutaten für 4 Portionen

300 g grüne Bohnen
Salz
800 g Tomaten
250 g Karotten
je 1 rote und gelbe Paprika (à ca. 200 g)
2 rote Zwiebeln
2 Knoblauchzehen
2–3 EL Olivenöl
150 ml trockener Rotwein (z. B. Merlot)
400 ml Gemüsebrühe
2 TL Kräuter der Provence
Pfeffer
1–2 TL brauner Zucker
80 g getrocknete Tomaten, in Öl eingelegt
50 g grüne Oliven (mit Paprikafüllung)
Kräuter zum Garnieren

Bohnen putzen und in kochendem Salzwasser 10–12 Minuten garen. Abgießen, kalt abschrecken und abtropfen lassen.

Inzwischen Tomaten überbrühen, häuten und grob würfeln. Karotten schälen und in 1–2 cm dicke Scheiben schneiden. Paprika putzen, entkernen und Fruchtfleisch grob würfeln. Zwiebeln und Knoblauch schälen und hacken.

Karotten und Paprika im heißen Olivenöl 2 Minuten dünsten. Zwiebeln und Knoblauch zufügen und glasig anschwitzen. Gemüse mit Rotwein ablöschen, Tomaten, Brühe und Kräuter der Provence zufügen. Gemüse mit Salz, Pfeffer und 1 TL Zucker würzen und zugedeckt 15 Minuten garen.

Inzwischen getrocknete Tomaten abtropfen lassen und in Streifen schneiden. Oliven halbieren. Beides mit Bohnen zum Gemüsetopf geben, darin erhitzen und mit Salz, Pfeffer und evtl. Zucker abschmecken. Nach Belieben mit Kräutern garnieren.

Zubereitungszeit: ca. 45 Minuten

Tomatenrisotto

Zutaten für 4–6 Portionen

450 g bunte Kirschtomaten
(an der Rispe)
100 g Lauchzwiebeln
60 g Parmesan oder Pecorino
1 Zwiebel
1 Knoblauchzehe
350 g Risottoreis
3 EL Olivenöl
100 ml trockener Rotwein
500 ml Tomatensaft
500–700 ml Gemüsebrühe
Salz
Pfeffer
2 EL Butter
1–2 TL brauner Zucker
2 EL Balsamessig

Kirschtomaten an den Rispen in 4–6 Stücke teilen, waschen, gut abtropfen lassen. Lauchzwiebeln putzen und schräg in Ringe schneiden. Parmesan oder Pecorino fein reiben.

Zwiebel und Knoblauch schälen und fein würfeln. Mit Reis in 2 EL heißem Öl unter Wenden glasig dünsten. Mit Rotwein ablöschen und die Flüssigkeit einkochen lassen. Etwas Tomatensaft und heiße Brühe angießen, mit Salz und Pfeffer würzen und unter Rühren ca. 25 Minuten garen. Dabei Saft und heiße Brühe in kleinen Portionen nachgießen, wenn die Flüssigkeit im Topf verdampft.

Inzwischen Lauchzwiebeln in 1 EL heißer Butter 2 Minuten anbraten, herausnehmen und beiseite stellen. Übriges Öl in der Pfanne erhitzen und Tomaten an den Rispen bei schwacher bis mittlerer Hitze darin 6–8 Minuten braten, bis sie weich werden. Mit Salz und Zucker bestreuen, kurz karamellisieren lassen, dann mit Essig ablöschen.

Übrige Butter und 40 g Parmesan unter den Risotto ziehen, kurz ruhen lassen. Risotto auf Teller oder in Schalen verteilen, mit Lauchzwiebeln und übrigem Käse bestreuen und Tomaten darauf anrichten.

Zubereitungszeit: ca. 50 Minuten

Gefüllte Tomaten

Zutaten für 2 Portionen als Hauptgericht oder 4 Portionen als Vorspeise

4 Fleischtomaten (à 250 g)
Salz
Pfeffer
75 g Bulgur
je 150 g Aubergine und Zucchini
2 Knoblauchzehen
2 EL Olivenöl
80 g Feta
20 g grüne Oliven (ohne Kern)
Fett für die Form
½ Salatgurke (ca. 150 g)
250 g griechischer Joghurt

Tomaten waschen, Deckel abschneiden und Tomaten mit einem Kugelausstecher oder Teelöffel aushöhlen. Von innen mit Salz und Pfeffer würzen.

Bulgur in 200 ml kochendem Salzwasser ca. 15 Minuten garen. Inzwischen Aubergine und Zucchini waschen, putzen und fein würfeln. Knoblauch schälen und fein hacken. Gemüsewürfel und Knoblauch im heißen Olivenöl ca. 5 Minuten dünsten. Mit Salz und Pfeffer würzen und leicht abkühlen lassen.

Feta fein würfeln. Oliven abtropfen lassen und vierteln. Beides mit Bulgur und Zucchini-Auberginen-Gemüse mischen und mit Salz und Pfeffer abschmecken. Tomaten damit füllen und in eine gefettete Auflaufform setzen. Im vorgeheizten Backofen bei 220 °C 30 Minuten backen, dann Deckel auf die Tomaten setzen und weitere 5 Minuten backen.

Inzwischen Gurke schälen, fein raspeln und mit Joghurt vermengen. Mit Salz und Pfeffer abschmecken und als Dip zu den Tomaten servieren.

Tipp: Besonders schön: Tomaten in unterschiedlicher Größe füllen und servieren. Verwenden Sie am besten feste Sorten, damit die Tomaten nicht auseinanderfallen und verkürzen Sie die Backzeit bei kleineren Früchten.

Zubereitungszeit: ca. 75 Minuten

Pasta

Lasagne

Zutaten für 6 Portionen

30 g Butter
30 g Mehl
300 ml Milch
200 ml Gemüsebrühe
Salz
Pfeffer
1 Bund Basilikum
12 Lasagneplatten ohne Vorkochen (ca. 200 g)
1 Grundrezept Sauce Bolognese (s. S. 23)
80 g Parmesan
1 Kugel Mozzarella (125 g)

Butter in einem Topf schmelzen. Mehl zufügen und unter Rühren hell anschwitzen. Milch und Brühe mit einem Schneebesen einrühren. Die Sauce mit Salz und Pfeffer würzen und 5 Minuten unter Rühren köcheln lassen. Leicht abkühlen lassen, Basilikumblättchen abzupfen, grob hacken und unterrühren.

⅓ der Bechamelsauce in einer Auflaufform verstreichen, 4 Lasagneplatten darauf legen. Die Hälfte der Sauce Bolognese darauf verteilen, mit 4 Nudelplatten belegen. Ein Drittel der Bechamelsauce, restliche Sauce Bolognese und die restlichen Nudelplatten darauf verteilen. Restliche Bechamelsauce darüber geben.

Parmesan fein reiben. Mozzarella abtropfen lassen und grob raspeln. Beide Käsesorten mischen, Lasagne damit bestreuen und im vorgeheizten Backofen bei 180 °C 30–35 Minuten knusprig backen.

Zubereitungszeit: ca. 1 Stunde (ohne Zubereitung Sauce Bolognese)

Spaghetti mit rohen Tomaten

Zutaten für 4 Portionen

500 g Spaghetti
Salz
500 g Kirschtomaten
200 g Frischkäse
bunter Pfeffer aus der Mühle
1 EL gutes Olivenöl
Basilikumblättchen zum Garnieren
100 g geriebener Pecorino

Spaghetti in kochendem Salzwasser nach Packungsanweisung bissfest garen. Inzwischen Tomaten putzen und vierteln.

Nudeln abgießen, abtropfen lassen und Tomaten untermischen. Auf 4 Teller verteilen. Mit 2 Teelöffeln kleine Nocken vom Frischkäse abstechen, darauf anrichten. Mit frisch gemahlenem Pfeffer kräftig würzen, mit Öl beträufeln und mit Basilikum bestreuen. Pecorino dazu servieren.

Zubereitungszeit: ca. 15 Minuten

Muschelnudeln mit Pancetta-Tomaten-Zucchini-Füllung

Zutaten für 4 Portionen als Hauptgericht oder 8 Portionen als Vorspeise

400 g Zucchini
1 große Zwiebel
2 EL Olivenöl
120 g Pancetta (ital. Speck)
Salz
Pfeffer
2 TL Zitronensaft
Blättchen von 4 Zweigen Thymian
250 g bunte Kirschtomaten
200 g große Muschelnudeln (ca. 32 Stück)
Fett für die Form
150 g Ricotta
150 g frisch geriebener Parmesan

Zucchini waschen, Enden entfernen und Zucchini grob raspeln. Zwiebel schälen, fein hacken und mit Zucchini in heißem Olivenöl anbraten. Pancetta in kleine Stücke zupfen oder schneiden und zufügen. Mit Salz, Pfeffer, Zitronensaft und Thymianblättchen würzen und ca. 10 Minuten garen, bis die Flüssigkeit eingekocht ist. Gemüse aus der Pfanne nehmen und beiseite stellen.

Tomaten putzen, vierteln und in der heißen Pfanne ca. 5 Minuten braten, bis die Flüssigkeit verdampft ist. Salzen, pfeffern und mit dem Zucchinigemüse vermengen.

Inzwischen Nudeln in kochendem Salzwasser 12 Minuten vorgaren, abgießen und abschrecken. Die Zucchinimasse abschmecken, in die Nudeln füllen und diese eng nebeneinander in eine gefettete Auflaufform setzen.

Ricotta und Parmesan vermengen, mit Pfeffer würzen und auf den gefüllten Muschelnudeln verteilen. Im vorgeheizten Backofen bei 220 °C ca. 20 Minuten überbacken.

Zubereitungszeit: ca. 70 Minuten

Cannelloni

Zutaten für 4 Portionen

1 kg rote und gelbe Kirsch- oder kleine Strauchtomaten
1 Bund Lauchzwiebeln
2 EL Olivenöl
1 TL getr. Oregano
Salz
Pfeffer
1 TL Zucker
150 ml Gemüsebrühe
150 g Toastbrot
50 g Tomatenpesto (s. S. 28 oder Fertigprodukt)
180 g Mascarpone
1 Ei
120 g frisch geriebener Parmesan
12 Cannelloni-Nudeln (ca. 140 g)

Tomaten putzen und halbieren. Lauchzwiebeln putzen und in grobe Röllchen schneiden. Beides im heißen Olivenöl anbraten. Mit Oregano, Salz, Pfeffer und Zucker würzen und Brühe angießen. 10 Minuten schwach köcheln lassen. 4 EL Tomaten beiseite stellen, den Rest in eine Auflaufform geben.

Toast entrinden und fein hacken. Mit Tomatenpesto, Mascarpone, Ei und 50 g Parmesan vermengen und mit Salz und Pfeffer abschmecken. In einen Spritzbeutel geben, ersatzweise einen Gefrierbeutel verwenden (und eine ca. 2 cm breite Ecke abschneiden). Die Masse damit in die Cannelloni füllen. Auf die Tomaten in der Auflaufform setzen und leicht hineindrücken. Die beiseite gestellten Tomaten darauf verteilen. Im vorgeheizten Backofen bei 200 °C 25 Minuten backen. Mit restlichem Parmesan bestreuen und weitere 15 Minuten backen.

Zubereitungszeit: ca. 70 Minuten (plus Abkühlzeit)

Schnelle Tomatensauce mit Salsicciaklößchen

Zutaten für 4 Portionen

4 Salsiccias (à ca. 80 g, frische italienische Bratwurst)
1 kg feste Fleischtomaten
2 Zwiebeln
400 g Orecchiette (oder Farfalle)
Salz
1 EL Olivenöl
Pfeffer
Blättchen von 5 Thymianzweigen
100 g geriebener Pecorino

Würste häuten und in kleine Klößchen teilen. Tomaten putzen, halbieren und in Scheiben schneiden. Zwiebeln schälen, halbieren und in Streifen schneiden. Nudeln in reichlich kochendem Salzwassser nach Packungsanweisung bissfest garen.

Inzwischen Klößchen in einer Pfanne im heißen Olivenöl rundherum stark anbraten und aus der Pfanne nehmen. Zwiebeln im Bratfett glasig dünsten. Tomaten zufügen, mit Salz, Pfeffer und Thymianblättchen würzen und ca. 5 Minuten schmoren. Klößchen wieder zufügen, erhitzen und abschmecken. Nudeln abtropfen lassen, mit der Sauce mischen und mit Pecorino servieren.

Zubereitungszeit: ca. 25 Minuten

Nudelauflauf mit Thunfisch-Tomaten-Ragout

Zutaten für 4–6 Portionen

400 g Penne (oder andere kurze Nudeln)
Salz
2 Dosen Thunfisch (in Öl, à 180 g)
1 Grundrezept Tomatensauce (s. S. 20)
Pfeffer
Fett für die Form
1 Kugel Mozzarella (125 g)
20 g Semmelbrösel

Nudeln in kochendem Salzwasser nach Packungsangabe bissfest kochen. Nudeln abgießen, kalt abschrecken und abtropfen lassen. Inzwischen Thunfisch abtropfen lassen und in einer beschichteten Pfanne unter Wenden knusprig anbraten. Tomatensauce erhitzen, Thunfisch zufügen und das Ragout mit Salz und Pfeffer abschmecken.

Nudeln in eine große, gefettete Auflaufform oder vier gefettete Portionsförmchen geben und mit Thunfisch-Tomaten-Ragout bedecken. Mozzarella abtropfen lassen, grob raspeln und mit Semmelbröseln, Salz und Pfeffer mischen. Käsemischung auf den Auflauf streuen und im vorgeheizten Backofen bei 200 °C 25–30 Minuten backen.

Zubereitungszeit: ca. 50 Minuten (ohne Garzeit für die Tomatensauce)

Mit Fisch und Fleisch

Dorade mit Ofentomaten

Zutaten für 4 Portionen

2 unbehandelte-Zitronen
Olivenöl für das Blech
4 Doraden (küchenfertig, à ca. 375 g)
Fleur de Sel
½ Bund Thymian
1 Zweig Rosmarin
100 g weiche Butter
Pfeffer
1 kg gemischte aromatische Tomaten
(Strauch-, Roma-, Kirschtomaten)

Zitronen heiß waschen, in dünne Scheiben schneiden und auf einer geölten Fettpfanne verteilen. Doraden innen und außen unter kaltem Wasser gründlich abspülen und trockentupfen. Doraden auf beiden Seiten mit einem scharfen Messer mehrmals einritzen. Innen und außen mit Fleur de Sel würzen und einige Zweige Thymian in die Bauchhöhlen geben. Doraden nebeneinander auf die Zitronenscheiben legen.

Übrige Thymianblättchen und Rosmarinnadeln abzupfen und fein hacken. Mit weicher Butter, Salz und Pfeffer vermengen. Tomaten putzen, große Tomaten halbieren, Kirschtomaten im Ganzen lassen. Um die Doraden verteilen. Kräuterbutter in Flöckchen auf den Fischen und Tomaten verteilen. Im vorgeheizten Backofen bei 200 °C ca. 20 Minuten garen. Mit Brot oder Kartoffeln servieren.

Zubereitungszeit: ca. 40 Minuten

Gegrillter Thunfisch mit Tomaten-Melonen-Salsa

Zutaten für 4 Portionen

1 kleine Zwiebel
1 Knoblauchzehe
3–4 Zweige Zitronenmelisse
75 ml Olivenöl
gemahlener bunter Pfeffer
4 Portionen Thunfischfilet (à ca. 130 g)
300 g Tomaten
¼ Netzmelone (ca. 250 g)
15 g Ingwer
1 rote Chilischote
Saft und abgeriebene Schale von
½ unbehandelten Limette
Salz

Zwiebel und Knoblauch schälen und fein würfeln. Blättchen von 2–3 Melissestielen abzupfen und hacken. Alles mit Olivenöl verrühren und mit Pfeffer würzen. Thunfisch waschen, trockentupfen und von beiden Seiten mit der Marinade bestreichen. 1–2 Stunden in der Marinade im Kühlschrank ziehen lassen.

Für die Salsa Tomaten überbrühen, häuten, entkernen und fein würfeln. Melone schälen und entkernen, ebenfalls fein würfeln. Ingwer schälen und fein reiben. Chilischote waschen, Stiel, Kerne und weiße Innenwände entfernen, Fruchtfleisch in dünne Ringe oder Streifen schneiden. Die restlichen Melisseblättchen abzupfen und hacken. Alles mit Limettensaft und -schale vermengen, mit wenig Salz abschmecken.

Thunfisch aus der Marinade nehmen, leicht salzen und auf einem heißen Holzkohlegrill auf einer Alugrillschale je nach Dicke der Filets 4–6 Minuten von beiden Seiten grillen. Mit der Salsa anrichten.

Tipp: Alternativ kann der Fisch auch unter dem vorgeheizten Grill im Backofen gegrillt werden.

Zubereitungszeit: ca. 35 Minuten (plus Marinierzeit)

Fischfilet auf buntem Tomaten-Vanille-Gemüse

Zutaten für 4 Portionen

1 kg bunte Tomaten
4 Schalotten
1 EL Butter
Mark von 1 Vanilleschote
4 küchenfertige Fischfilets (à ca. 125 g, z. B. Rotbarbe oder Tilapia)
Salz
Pfeffer
1 EL Mehl
3 EL Sonnenblumenöl
1 TL brauner Zucker

Tomaten überbrühen, häuten und in dicke Spalten schneiden. Schalotten schälen, halbieren und in feine Ringe schneiden. Butter erhitzen, Schalotten mit Vanillemark darin glasig dünsten.

Fischfilets waschen und trockentupfen. Mit Salz und Pfeffer würzen, in Mehl wenden und überschüssiges Mehl abklopfen. Sonnenblumenöl in einer großen Pfanne erhitzen und darin Fischfilets von beiden Seiten 2–3 Minuten braten. Inzwischen Tomatenspalten zu den Schalotten geben, mit Salz, Pfeffer und Zucker würzen und 3 Minuten dünsten. Tomaten-Vanille-Gemüse mit Salz und Pfeffer abschmecken, auf Teller verteilen und Fischfilets darauf anrichten. Dazu passt Reis oder knuspriges Weißbrot.

Zubereitungszeit: ca. 30 Minuten

Gegrillte Lammspieße

Zutaten für 8 Spieße

500 g Lammlachse
200 g rote und gelbe Kirschtomaten
300 g Aprikosen
1 grüne Paprika (ca. 150 g)
5–6 EL Rapsöl
½ TL gem. Kreuzkümmel
abgeriebene Schale von ½ unbehandelte-Zitrone
Salz
Zitronenpfeffer
außerdem: 8 Holzspieße, Alugrillschale

Holzspieße wässern. Lammfilets waschen, trockentupfen und in 2 cm breite Stücke schneiden. Tomaten waschen. Aprikosen waschen, halbieren und entsteinen. Paprika putzen, entkernen und in grobe Stücke schneiden. Alles abwechselnd auf die abgetropften Spieße schieben.

Rapsöl, Kreuzkümmel, Zitronenschale, Salz und Zitronenpfeffer verrühren. Spieße damit rundherum bepinseln. Auf einer Alugrillschale auf dem Holzkohlegrill oder unter dem vorgeheizten Grill im Backofen rundherum je nach Größe der Fleischstücke 8–12 Minuten grillen, dabei immer wieder mit dem aromatisierten Öl bepinseln.

Tipp: Verwenden Sie außerhalb der Aprikosensaison ersatzweise getrocknete Soft-Aprikosen.

Zubereitungszeit: ca. 30 Minuten

Hähnchen mit Kräuterkruste und Tomaten-Orangen-Couscous

Zutaten für 4 Portionen

1 Bund glatte Petersilie (ca. 40 g)
2–3 Zweige Pfefferminze
50 g blanchierte, gemahlene Mandeln
4 EL Rapsöl
Salz
Pfeffer
2 Hähnchenbrustfilets (ca. 600 g)
Fett für die Form

200 g Instant-Couscous
500 g bunte Kirschtomaten
1 rote Zwiebel
2 Orangen (davon 1 unbehandelte)
gemahlener Koriander und Kreuzkümmel
brauner Zucker
2 EL Mandelblättchen

Petersilien- und Minzeblättchen von den Stielen zupfen und mit Mandeln und 3 EL Öl pürieren. Mit Salz und Pfeffer würzen.

Hähnchenbrustfilets waschen, trockentupfen, von Sehnen befreien und jede Brust halbieren. Filets salzen, pfeffern und nebeneinander in eine gefettete Auflaufform legen. Filets mit Kräuterpaste bestreichen und im vorgeheizten Backofen bei 200 °C 25–30 Minuten garen.

Inzwischen Couscous mit etwas Salz in eine Schüssel geben. 300 ml kochendes Wasser darüber gießen und 5–7 Minuten quellen lassen. Tomaten putzen und vierteln oder sechsteln. Rote Zwiebel schälen, halbieren und quer in feine Ringe schneiden. Unbehandelte Orange heiß abwaschen, Schale fein abreiben. Beide Orangen filetieren, dafür die Orangen mit einem Messer so schälen, dass die weiße Innenhaut mit entfernt wird. Filets zwischen den Trennwänden herausschneiden, dabei den Saft auffangen.

Zwiebel im restlichen heißen Öl 1–2 Minuten glasig dünsten. Tomaten zufügen, mit Orangenschale, je ¼ TL Koriander und Kreuzkümmel, Salz und Pfeffer würzen und 3 Minuten garen. Orangenfilets samt Saft zufügen und erhitzen. Couscous unterheben und mit Koriander, Kreuzkümmel, Salz und Zucker abschmecken. Mandelblättchen in einer Pfanne ohne Fett anrösten, über den Couscous streuen und mit Hähnchen servieren.

Zubereitungszeit: ca. 45 Minuten

Kaninchen auf Tomaten

Zutaten für 4 Portionen

1,25 kg gelbe und rote Tomaten
je 2 rote und weiße Zwiebeln
2 frische Knoblauchknollen
1 Kaninchen (ca. 1,5 kg, küchenfertig ohne Kopf, in 6–8 Teile geteilt)
4 EL Olivenöl
Salz
Pfeffer
4 Lorbeerblätter
8 Thymianzweige
1 Rosmarinzweig
Weiß- oder Landbrot zum Servieren

Tomaten putzen und je nach Größe halbieren oder vierteln. Zwiebeln schälen, halbieren und in dicke Spalten schneiden. Die äußere Haut der Knoblauchknollen abziehen, die Knollen sollen noch zusammenhalten.

Kaninchenteile waschen und trockentupfen. Fleischstücke portionsweise in heißem Olivenöl in einem Bräter rundherum anbraten und mit Salz und Pfeffer würzen. Fleischstücke herausnehmen und beiseite stellen.

Zwiebeln in den Bräter geben und glasig dünsten. Tomaten zufügen, salzen, pfeffern und 3 Minuten dünsten. Knoblauchknollen in den Bräter setzen, Lorbeer, Thymian- und Rosmarinzweige dazwischen stecken. Kaninchenteile darauf legen und den Bräter in den vorgeheizten Backofen bei 200 °C stellen. Alles ca. 1 Stunde zugedeckt schmoren, dann Deckel entfernen und weitere 10 Minuten offen garen. Knoblauchknollen herausnehmen und halbieren. Kaninchen mit Knoblauch, Schmortomaten und frischem Brot servieren.

Zubereitungszeit: ca. 100 Minuten

Rinderfilet in Schinkenhülle mit Tomatenconfit

Zutaten für 4 Portionen

200 g Schalotten
600 g Rinderfilet
1–2 TL Kräuter der Provence
Salz
Pfeffer
4 EL Olivenöl
150 ml trockener Rotwein
100 ml Gemüse- oder Rinderbrühe
120 g Serranoschinken in Scheiben
1 kg Tomaten
2–3 TL Ahornsirup
evtl. dunkler Saucenbinder

Schalotten schälen und längs in Streifen schneiden. Filet waschen, trockentupfen und evtl. von Sehnen befreien. Filet rundherum mit Kräutern der Provence, Salz und Pfeffer einreiben und in 2 EL heißem Olivenöl in einer Pfanne rundherum scharf anbraten. Filet herausnehmen und beiseite stellen. 1 EL Olivenöl im Bratfett erhitzen, Schalotten darin glasig dünsten. Mit 100 ml Rotwein und der Gemüsebrühe ablöschen und mit Salz und Pfeffer würzen. Inzwischen Filet in die Schinkenscheiben wickeln.

Schalotten mit Flüssigkeit in eine Auflaufform geben und Filet darauf setzen. Im vorgeheizten Backofen bei 220 °C je nach Dicke des Filets 20–25 Minuten garen, dabei nach 15 Minuten restlichen Wein über das Filet gießen.

Inzwischen Tomaten überbrühen, häuten, halbieren, entkernen und würfeln. Filet aus dem Ofen nehmen, in Alufolie wickeln und 5 Minuten ruhen lassen. Tomaten im restlichen heißen Öl 1–2 Minuten andünsten. Schalotten mit Bratenfond zufügen, etwas einkochen lassen. Mit Salz, Pfeffer und Ahornsirup abschmecken und nach Belieben leicht mit Saucenbinder andicken. Filet aufschneiden und mit dem Tomatenconfit servieren. Dazu passt Kartoffelpüree.

Zubereitungszeit: ca. 1 Stunde

Lammkeule mit Tomaten-Bohnen-Ragout

Zutaten für 4 Portionen

1,4–1,6 kg Lammkeule (mit Knochen, frisch oder TK, aufgetaut)
3 Knoblauchzehen
Salz
Pfeffer
5 EL Olivenöl
1,5 kg neue Kartoffeln
3 Zweige Rosmarin
450 g dicke Bohnenkerne (TK, aufgetaut)
750 g Tomaten
1 Zwiebel
2–3 EL Butter
Zucker
2 TL Balsamessig

Lammkeule waschen, trockentupfen und außen von Fett und Sehnen befreien. Knoblauch schälen und längs in Stifte schneiden. Keule mit einem spitzen Messer rundherum einstechen, mit den Knoblauchstiften spicken und mit Salz und Pfeffer einreiben. Eine Fettpfanne mit 1 EL Olivenöl fetten, Keule darauf setzen und im vorgeheizten Backofen bei 200 °C 50 Minuten garen.

Inzwischen Kartoffeln waschen, dabei gründlich abbürsten. Kartoffeln längs in Spalten schneiden. Rosmarinzweige in etwa 3 cm lange Stücke schneiden. Beides mit restlichem Öl, Salz und Pfeffer vermengen. Keule wenden, Kartoffeln rundherum auf der Fettpfanne verteilen und je nach Größe weitere 50–75 Minuten garen, dabei Kartoffeln mehrmals wenden.

Bohnenkerne vorsichtig aus den Häutchen drücken, in einem Sieb abspülen und abtropfen lassen. Tomaten überbrühen, häuten, entkernen und in Spalten schneiden. Zwiebel schälen, halbieren und in Ringe schneiden. Zwiebel in 1 EL heißer Butter glasig dünsten. Bohnenkerne zufügen und 3–5 Minuten unter Wenden anschwitzen. Tomaten zufügen, weitere 1–2 Minuten dünsten. Das Gemüse mit restlicher Butter verfeinern und mit Salz, Pfeffer, Zucker und Essig abschmecken. Keule aufschneiden, mit Kartoffeln und dem Tomaten-Bohnen-Ragout anrichten.

Zubereitungszeit: ca. 2–2¼ Stunden

Warenkunde Tomatensorten

Farbenfrohe Vielfalt

Es gibt weltweit Tausende von Tomatensorten in allen erdenklichen Farben und Formen. Während Neuzüchtungen oft hohe Erträge oder robusten Wuchs zum Ziel haben, sind alte Sorten oft zwar empfindlicher, punkten aber mit besonders ausgeprägtem Aroma oder schöner Optik. Diese Warenkunde gibt einen kleinen Überblick über einige historische Tomatensorten mit Charakter und Geschmack.

Andenhorn Festes Fruchtfleisch und wenig Samen machen die gebogene große Tomate ideal zum Grillen und Überbacken. Dank ihres intensiven Geschmacks eignet sie sich auch gut zum Schmoren, für Saucen und Ketchup.

Black Plum Die dunkle, pflaumenförmige Tomate mit grünem Kranz enthält wenig Säure und schmeckt süßlich-würzig. Sie hat angenehmen Biss und ist sowohl zum rohen Verzehr als auch zum Kochen geeignet. Die Früchte sind dunkler und intensiver im Geschmack, je heißer das Klima.

Bührer Kehl Wegen ihrer stark eingekerbten Form auch als »Gezahnte Tomate« bekannt. Die großen, kernarmen Früchte haben mürbes Fruchtfleisch und ein intensives Aroma. Sie ergeben schöne blütenförmige Scheiben, wenn man sie quer schneidet, und können auch gut gefüllt werden.

Citronella Verdankt ihren Namen der zitronenähnlichen Form und Farbe. Ihr festes, mürbes Fruchtfleisch und – wie bei gelben Tomaten häufig – ein mildes Aroma machen sie ideal zum rohen Genuss auf Brot und im Salat. Auch als Deko eine gute Wahl.

Gelbe Birnentomate Hübsche kleine Tomate mit süßlichem Geschmack und weicher Schale, die sich gut zum puren Naschen, in Salaten oder in Caprese macht.

Gelbe Eiertomate Ovale Sorte mit einem frisch-fruchtigen Geschmack, die schnittfest ist und sich optimal für Salate und rohe Gerichte eignet.

Gelbe Fleischtomate Alte deutsche Sorte mit mittelgroßen bis großen, saftigen Früchten. Sie schmeckt fruchtig und ist sehr gut für Suppen und Saucen geeignet.

Green Zebra Attraktive grün gestreifte Tomate mit leicht säuerlichem, würzigem Aroma und festem, saftigem Fruchtfleisch. Schön als Kontrast in Salaten und kurz gegartem Gemüse, gut auch als Chutney.

Handschussheimer Feldtomate Sehr aromatische Sorte, ähnelt italienischen Flaschentomaten mittlerer Größe. Wegen ihrer hellen, nicht sehr intensiven roten Farbe fast gänzlich in Vergessenheit geraten. Lässt sich gut füllen, da sie beim Backen die Form behält.

Johannisbeere Alte Wildsorte aus den Anden mit süß-säuerlichem, intensivem Geschmack und dünner Schale. Viele sehr kleine Früchte, attraktives Blattgrün, schön für die Bepflanzung in einer Blumenampel. Lecker zum rohen Genuss.

Maiglöckchen Kleine Sorte mit fester Schale und angenehm säuerlichem Geschmack. Gut zum Garen im Ofen und zum Einlegen (z. B. typisch italienisch mit Frischkäse gefüllt).

Ochsenherz Große, fleischige Tomate mit weicher Haut und wenig Samen. Süßes Aroma, intensiver Duft und leicht mehliges Fruchtfleisch zeichnen diese alte Sorte aus, die in Frankreich sehr beliebt ist. Gut für Caprese, auf Brot und für lang gegarte Saucen.

Ligurische Fleischtomate Italienischen Ursprungs, ähnelt dem Ochsenherz. Zum rohen Verzehr, für Saucen und Ketchup geeignet.

Omas Beste Schnittfeste, eierförmige Sorte, die gut haltbar, also relativ lange lagerfähig ist. Sie schmeckt würzig und ist sehr saftig, lässt sich gut für Suppen und Salat verwenden.

Paprikatomate Größere, attraktiv gefärbte Tomate mit paprikaähnlicher Form und einem guten Tomatenaroma mit leichter Paprikanote. Große Samenkammern machen sie – ähnlich der Paprika – ideal zum Füllen.

Pfirsichtomate Der Name verrät es schon: Diese Tomate hat eine ungewöhnliche, samtige Haut und weiches Fruchtfleisch, ähnlich einem Pfirsich. Das macht sie zu einer besonderen Attraktion in Salaten, Carpaccios oder für den puren Genuss.

Quedlinburger Liebe Die runde Buschtomate ist eine sehr frühe Sorte mit kleinen Früchten. Mit ihrem angenehmen Aroma – leichte Säure mit anschließendem süßen Geschmack – und ihrem gelben Kragen sehr attraktiv in Salaten, außerdem lecker in Schmorgerichten.

Red Zebra Wunderschöne rote Sorte mit grünem Kranz und Streifen, die würzig und leicht säuerlich schmeckt und sich gut im gemischten Tomatensalat oder als Carpaccio macht.

Reisetomate Ungewöhnlich geformte Tomate mit festerer Schale, die man in ihre stark gegliederten Segmente teilen kann, ohne dass ihr Saft austritt. Das macht sie ideal zum puren Genuss für unterwegs, daher der Name.

Schwarze Birne Schöne dunkle Frucht mit weicher Schale und einem milden, leicht nussigen Aroma. Schmeckt lecker roh und gekocht in Saucen oder Suppen.

Vintage Wine Die Früchte dieser mehrfarbig gestreiften Sorte sind ein echter Hingucker und variieren in der Größe. Das helle, rosafarbige Fruchtfleisch ist saftig und lässt sich sogar süß im Obstsalat verwenden.

Wildtomate Robuste alte Sorte, die auch Regengüsse unbeschadet übersteht. Die Minifrüchte (etwa so groß wie dicke Zucht-Blaubeeren) haben eine feste Schale, wenig Fruchtfleisch und überraschen mit einem intensiven tomatigen Geschmack. Wunderbar zum puren Vernaschen und als Farbtupfer in grünen Salaten.

Danksagung Karen Schulz

Großen Dank an meine Eltern, die mich schmecken, genießen und kochen gelehrt haben. Dank an Nele Gätke für die unermüdliche Unterstützung in der Küche und an Patrick Richter und die vielen weiteren TestesserInnen für gemeinsame Stunden am Esstisch.

Für warenkundliche Infos und Kostproben danke ich den Tomatenzüchtern Jörn Meyer (www.tomatenmitgeschmack.de, Glückstadt) und Mervi Treiber (www.tomatenlust.de, Mannheim). Ihre Internetseiten geben Infos zu Kauf oder Bestellmöglichkeiten von alten und ungewöhnlichen, köstlichen Tomatensorten bzw. Pflanzen.

Danksagung Klaus Arras

Herzlichen Dank an die Gärtnerei Peters in Dormagen, wo wir im Frühsommer zwischen den blühenden Tomatenstauden unsere ersten Aufnahmen für das Kochbuch machen durften (www.hofladen-peters.de).

Ebenfalls ganz besonderer Dank gilt der Familie Mervi u. Albert Treiber in Mannheim, die uns immer wieder neue Tomatensorten gezeigt hat. Ohne ihre Hilfe hätten wir keine so umfangreiche Warenkunde fotografieren können.